# SEIANVS

## FRANCOIS,

### AV ROY.

## M. DC. XV.

# SEIANVS FRANCOIS,

## AV ROY.

LES rigueurs, les cruautez, les tyrannies, les assassinats, les empoisonnemens, les rapts, les sacrileges, les accusations, les prescriptions, les iniustices, les seditions, les partialitez, & les guerres. Bref, les feux & les flammes dont l'Empire Romain a esté embrasé sous le regne de Tibere, n'ont iamais peu estre arrestees, suspendues ny esteintes que par la mort de *Sejanus iustinianus* fatal bouteféu, & le flambeau des malheurs, qui ont presque reduit en cendre ceste premiere souueraineté du monde.

SIRE, voicy l'estat present des affaires de vostre Royaume, en voicy la viue image, il y a dix ans que *Sejanus* a porté son demon dans la France, sous le regne du grand Henry vostre Pere, il s'y est establý en hypocrite, en regnardeau, & ce grand Prince qui cherissoit ces Princes, qui aymoit les suiets commençat à le cognoistre, cómençoit aussi à le hayr, & auoit resolu de purger ses Estats, & en-chasser ceste peste publique.

Mais sa mort funeste & precipitee, en ayant arresté l'execution, vostre minorité, les diuisions que *Sejanus* a semees dans vostre Estat, & l'auctorité qu'il s'y est vsurpee, luy ont mis la couronne sur la teste, nous ont faict esclaues de ses desirs, & de ses passions desreiglees, & l'y font regner en Lyon deuorant,

Nous ne viuons depuis cinq annees que de larmes, surchargez de tant d'impositiós extraordinaires, foullez de tant de nouuelles commissions & d'Edicts de creation d'offices, opprimez de tant de leuees de deniers, bref si tyrannisez par ce nouuel *Sejanus* qu'il nous reste plus de vie, non pas mesme pouuoir & la liberté d'exaller ces dernieres paroles.

Nos Princes sont empoisonnez, sont emprisou-nez, sont chassez d'aupres de leurs Princes, sont coutus, on leur liure la guerre, on leur interdit l'E-

tree des villes, & veut on faire croire que la requeste à l'instant qu'ils sont de la reformation de l'E-
stat, que la iustice qu'ils demandent à V. M. de l'assassinat du feu Roy, des maluersations de *Sejanus*, &
ses supposts, est vn crime de leze-Maiesté.

Le Parlement, cet auguste Senat de la iustice
des Roys, ceste Cour des Pairs, la ferme coullonne
de vostre Couronne est menassee de mort, de prisõ
perpetuelle ou dexil, si elle continue en ses tres-hũ-
bles remonstrances, ces vieux & fidelles seruiteurs
n'oseroient plus parler, il n'y a plus de liberté que
pour les pésionnaires, vos treshumbles seruiteurs,
vos fidelles subiets sont enleuez de leurs maisons,
de leurs licts, lors mesme qn'ils n'ont plus presque
de vie en extremité de malladie, & conduits en
triomphe par la ville de Paris, par vne insollente
trouppes d'archers, sont arrachez d'entre les bras
de leurs femmes du corps du Parlement, & renfer-
mez dans la prison d'Amboise.

La Noblesse qui se ioinct auec ceste saincte de-
máde est declaree rebelle, on propose de l'assassiner
on la prescripre de la France, le tiers estat est me-
nacé de bastonnades, des fers, des seps, & de prisõ,
la parolle mesme est interdicte aux gens de bien
qui s'en pourroient plaindre, & mes huy la France
deuient vne forest sans Princes, sans hommes, sans
François, si ce n'est que la Bastille, lesdites prisons
de Paris, & le Chasteau d'Amboise en demeurent
peuplez.

Si ta cruauté *Sejanus* n'est encore assounie du sãg,
& de l'honneur de ceux que tu as faict mourir &
mal traicter pour auoir leur bien & confiscation, si
ton auarice n'est encore bornee des grands tresors
que tu as vollez à sa Majesté & à son peuple, qui
se font Seigneur de deux cens mil liures de rentes,
en font de terre & de plus d'vn milion d'or en deniers contans, si ton ambition desmesurce n'a encores du tout esloigné nos Princes, & esteint la memoire de leur nom, pour commander apres abso-
lument en France, & y trancher du souuerain, si tu
n'as du tout opprimé ou abboly la iustice souuerai-

me en nos Roy's qui se plaint de tels mauuais depor-
temens, si le sceau, le Conseil de sa Majesté & les finances de cet Estat ne sont encores assez ruinees,
bref, si le peuple qui reuere son Roy, si la Noblesse
qui le soustient a encore quelque chose de reste
qui puisse empescher l'effect de tes desirs.

Cruel tyran, *Sejanus* nostre ennemy s'aduance,
faicts nous tout a faict Mores, sans nous faire lan-
guir, ne nous traine plus en esclaues apres tes passions, tranche toutes remises, & aduance prompte-
ment le cours de nos malheureuses destinees, aussi
bien nous sommes François, & voulons ou la mort
pour ne souffrir plus tes cruautez, ou la vie pour
deffendre celle de nos parens.

Grãd Dieu moteur de cet vniuers, qui sondez les
cœurs & les pensees des hommes, ayez pitié de ce
pauure Estat du tout perdu, sauuez nostre Roy,
maintenez les Princes & le grand corps souuerain
de iustice, & nous donnez la force de tellemet
combattre l'ennemy des fleurs de lis, qui demeurãs
dans l'integrité de nos peres nous chassions *Sejanus*
& sa tyrannie, nous fassions voir à la posterité que
nous auons encores assez de courage & de force
pour maintenir nostre Roy, les droicts de sa Couronne & la iustice, la deffendre de l'inuasion de ses
ennemis, & empescher l'audace & insolence de tous
ceux qui s'y voudront rendre contraire.

SIRE, les larmes de vostre pauure peuple n'a-
yent peu estre veues des tendres yeux de V. M. ny
leurs souspirs & voix mourantes ouyes de vos ieu-
nes oreilles, souuent toutesfois paruenues iusques à
vostre chambre souuent representees à vostre Cõ-
seil, tousiours mesprisees par *S. janus* qui y preside,
ce grand Roy des Roys les a en fin exaucees, & par-
my ce grand desordre, au milieu de nos fers, dans
l'abbandon & la licence du vice, à la veille de nostre
perte, a inspiré la volonté de mouseigneur le Prince
de les vous faire cognoistre, & les vous represeter

La lettre qu'il escriuit dés lors à la Royne vostre
mere, à la conuocation des Estats qui s'en est en-
suiuie, tesmoignant assez si la plainte est iuste & la

reformation neceſſaire, car qui veid iamais Majeſté
ſi mal ſeruie, les Princes & grands ſi peu reſpectez,
la Iuſtice ſi mal adminiſtree, vos finances ſi ruinees,
la Nobleſſe ſi fort méſpriſee, le peuple ſi opprimé,
les charges & dignitez ſi mal departies, les benefices ſi mal pourueuz, les offices à ſi haut prix, & la
Couronne en ſi grand hazard.

Mais S I R E, ceſte belle eſperance que nous
auons conceüe s'eſt eſuanouie, l'aſſeurance que
nous auõs priſes, & quelque reformatiõ eſt demeu-
ree vaine, & ne nous en reſte que le ſeul deſeſpoir.

Le Clergé qui eſt l'ordre le plus ſainct & ſacré, a
courbé, a fleſchy ſous l'aſſeurance de continuer ſes
desbauches, s'eſt meſme roidy contre voſtre auctorité, &a trouué bon qu'on mit la ſacre perſonne des
Roys, à l'abbandon & à la mercy des aſſaſſins, dés
auſſi toſt qu'on leur a eu r'aſſeuré leursdits benefices en faueur de leurs creanciers.

Temeſticoles voulant leuer par force la crue
des tailles ſur les adriaux, leur fit entendre qu'il leur
apportoit deux puiſſans Dieux, amour & force,
mais ils luy reſpondirent qu'ils en auoient encores
deux plus puiſſas, ſçauoit pauureté & impoſſibilité.

Hé qui ne s'eſt point plainct de ces charges, voſtre Maieſté l'a veu par la declaration que la Nobleſſe en a faictes au Chancelier, imprimees & por-
tees, non pour deux ou trois de ce corps: mais par
deux cens qui ont proteſté de la ſouſtenir à la poin-
cte de leur eſpee, attendant que voſtre Maieſté leur
en aye faict iuſtice.

Le tiers Eſtat s'en eſt ſcandaliſé, & s'eſtant veu
ſeul mal traicté pour auoir bien ſeruy, ſouſtient les
droicts de voſtre Couronne, la liberté & ſeureté de
voſtre perſonne, vous a declaré qu'il ne pouuoit
plus ſupporter le faiz & ſi dures & peſantes charges,
qu'impuiſſamment & impatiemmēt & les deputez
de cet ordre vous ont aſſez teſmoigné & aduerty
qu'ils ne pouuoient retourner chez eux en aſſeura-
ces de leurs perſonnes, ſi voſtre Maieſté ne les con-
tentoit de ce qui leur a eſté promis, & dont lettres
ont eſté eſcriptes & enuoyées aux Prouinces.

Mais tout cela n'a seruy d'aucune chose sur l'in-
humanité de *Sejanus* sur ses mauuais desseins, vostre
Párlement en fin a pris partie du malheur de la Frã-
ce,& continuant à l'endroict de vóstre Majesté la
fidelité & deuotion dont il a esté de tout temps ad-
mirée auoit ouuert la porte aux remedes,& par son
arrest du 28. Mars, qui porte semonce aux Princes
& grands du Royaume de se rendre au Paliais, es-
pérant de seruir vostre Majesté si puissamment si
vtillemént, & auec tant de gloire que vostre regne
en eust esté beny de Dieu & des hommes : & estoit
ceste action si glorieuse & si grande qu'il en eust
esté memoire à iamais.

A cela vos mauuais Conseillers,les mauuais Frã-
çois opposent que cest entreprendre sur vostre auctorité que le Parlement ne doit cognoistre des affaires d'Estat, comme si c'estoit chose nouuelle, &
dont en fut sans exemple dans l'histoire que le
Parlement representa à son Roy,ce qui regarde le
bien de ses affaires,& les desordres de son Conseil,
comme si en l'annee quatre vingts dix sept le mesme Senat n'auoit pas faict le semblable à l'endroi ct
du feu Roy vostre Pere estant lors à Fõtaine-bleau,
L'achilles François, le baston de Iustice, le Sieur
Harlay parlant ,accompagné de bon nombre de
Conseillers de ladicte Cour,comme si ne luy auiez
pas ordonné lors que la Royne fut faicte Regente
dans les Augustins, comme en fin, si vous ne luy a-
uiez pas tant fraischement commandé pour faire
declarer Monseigneur le Prince criminel de leze-
Majesté.

On met la Royne en ceruelle, on ne veut poinct
que ceste assemblee ce face, & dessors *Sejanus* qui
voit ses actions descouuertes, sa vie cogneue de
tout le monde,qu'on trouue des promesses faictes
pour luy,à la charge d'expedier & faire des Arrests
du Conseil que son hõneur est perdu,& que son biẽ
& sa vie courét risque, destourne l'effect d'vn si ad-
uantageux & hõnorable dessein,dõne l'alarme bien
chãude,& faict sonner le toxin cõtre vn corps de Iu-

stice, fidel & tres-obeissant.

Ce Parlement est mandé, on veut voir les remonstrances, elles vous sont presentees, elles vous sont
leues en plain Coüseil, mais la responce n'est que
menaces, la satisfaction que le mespris & le bõ gré
de se seruice, que deffences de passer plus outre.

On faict plus cas de *Sejanus* declamé contre ce
Senat, Bullion, & Dollé, publiquement oppinent à
la mort de quelques vns, des Presideñs & Couseil-
lers de ce corps, on les menaces en voltre preséce,
& desiors l'on minutte des arrests fulminez, pleins
de passion & viollences & de rage, on nomme les
remonstrances, calomnies, rebelle du Parlement, entreprise sur voltre auctorité, leur deuoir & le bien
de l'Estat, crime de leze-Majesté, auec des parolles
pleines d'igborances & de peu de verité.

On veut aussi tost armer Paris pour se saisir de la
personne de monseigneur le Prince, on faict aduã-
cer les compagnies d'Ordonnances, & les cheuaux
legers, pour inuestir S. Maur des Fossez, on le suit à
Creil, à Clermont, à Coucy pour le prendre, & la
peau du lyon ne pouuant aucune chose on y coust
celle du Renard; car sous pretexte d'amitié & de
reconciliatió, on enuoye mõsieur de Villeroy pour
conferer auec luy, & pouruoir à ce desordre, & en
chercher le remede, mais tandis qu'on s'amuse sur
ce traicté, le sieur Phelippeaux, Pont-Chartrain est
depesché auec charge segrete du tout contraire, &
par sa creance & par ses discours a rompu vne si
belle conference qui permettoit tout biē à l'Estat,
& offence mõdit Seigneur le Prince, & ledit sieur
de Villeroy.

Vn certain Empereur fist venir à Rome Archelais
sous feinte damitié, l'accusa, l'arrestast, & le feist
mettre en prison, le fist mourir, & rédit sõ Royaume
tributaire à l'Empire Romain.

Et qui ne voit que *Sejanus* qui ayme la confusiõ
vle & le é, ie desogeant que ceste conference estoit
roseul acheminement des affaires, & que l'eschet en
rdmboit sur sa teste, la voulu rompre rendre inutil,
& la conduite honteuse audit sieur de Villeroy, &

que

qui ne sçait son ancre sacree, & que son refuge &
son salut a esté de recourir a monsieur d'Esperuon
& le cõiurer par les dignes & signallez seruices que
chacun sçait de ne l'abandonner point en occasion
si importante & si necessaire, & persuader la Royne
de rompre ce pourparlé, & mettre ledict sieur de
Villeroy en deffiance prez d'elle.

Cesar craignant de rendre compte des charges
qu'il auoit eues s'empara de l'Estat & se feit souuerain, & Pericles ietta le peuple d'Athenes à la guerre
pour le mesme subiect, ainsi faict *Sejanus* lors que
l'on parle de la recherche de sa vie, il arme tout l'E-
stat, & veut la guerre.

Cependant on ioue des mains dans Amiens, les
soldats de la citadelle en esgorgent les pauures
habitans, Conchine faict assassiner le sieur de Prouuille Sergẽt maior de la ville, apposte ses mousque-
taires pour tirer sur monsieur de Longueuille &
l'assassiner, chasser le braue Prince de son gouuernement en prent la place main armee, & se iette en
lieu de seureté, desarme la ville, & auctorise
Migneux pour coupper la gorge au domestique de
se Prince.

Car il a bien consideré que le gouuernement
de Paris dont il offroit quarante mil escus. Que la
place de Gouuerneur de Monseigneur vostre frere
qu'il vouloit auoir du sieur de Breue. Que le bois
de Vinceine ny le chasteau d'Amboise n'estoient
assez forts pour asseurer sa vie contre la haine ge-
nerale & publique que la France à conceue contre
luy : car de penser qu'vn tyran se puisse garentir par force, c'est vn abbus, tesmoins les Empereurs
Romains, qui ne laissoient d'estre assassinez encor-
res qu'ils eussent quatre legions d'ordinaires pres
de leurs personnes seul soing que trauaille *Sejanus*,
pour estre maintenu.

Vostre Maiesté à veu par la lettre de monsieur
le Prince, & par sa declaration la tres humble sub-
mission de l'obeissance qu'il apporte à ce qui est
de vos commandemens, il ne dispute point vostre
mariage, il ne vous demande ny argent, ny hon-

neur, ny dignitez ny recompence ny places fortes
ny aucunes choses pour son particulier, comme
des ennemis publicut, & que l'on a fait escrire
au Parlement, & par toute la France sous le nom
de vostre Maiesté, son vnicque but est vostre seruice, & pour son affection le bien de vostre estat,
Il ne crie que iustice & la vous demande, tres hũ-
blement contre le Marquis d'Ancre & sa femme,
Contre le Chancelier, & le Cheualier de Sillery son
frere, contre Bullion & Dollé, vous demande encore iustices de l'assassinat de Prouailles, la resolution des cahiers des Estats generaux & le soulage-
ment des oppressions que le peuple souffre, & nous
adioustons à ces iustes presentes, demande iustice
de l'execrable assassinat commis à la personne du
feu Roy dont le sang crie vengence ou sont donc
les interests particuliers, dont est parlé par ses lettres, où sont les cõmis dont on veut noircir la fidelité de monsieur le Prince, & des Princes & Ducs
qui l'assistent.

Et pour cela, faut-il que *Sesartus* vous porte
à la guerre qu'il embrase les quatre coins de vostre
Royaume, & qu'il le mette en cendre, faut il faire,
que pour six personnes vn monde dames perisses,
vos villes ce ruinaut, & la France demeut vne forest. Quoy? pour cela faudra il exterminer
la maison de France, & sous des colomnes
de *Seianus* auctorisee de vostre seau, & d'vn Arrest falcifié par des pensionnaires perdre vostre
sang & vos subiects.

Quoy? parce que Monseigneur le Prince veut le
seruice de vostre Maiesté, que monsieur de Longueuille ne se laisse point assassiner, & s'en plaint.
Que monsieur de Mayenne se contient en respect
& en l'obeissance dans vostre seruice, & que Monsieur de Bouillon ne veut liurer Sedan à la rage
Espagnole & Italienne, on les veut declarer criminels de leze Maiesté, & pource on a peu falcifier les arrests, & les resolutions du premier Senat de l'Europe les faire supprimer & publier à son
de trompe.

Monseigneur le Prince au nom de toute la Fráce, au nom de toute l'Europe, De tous vos amis
& alliez, vous demande iustice, voyons si vous la
luy pouuez refuser, & si des personnes de neant, il
faut reietter la voix de Dieu, puis que celle du peuple est aussi nommee vostre office de Roy, sa quali-
té de premier Prince de vostre sang, & tres-hum-
ble subiet l'attrocité des crimes, & le sacré sang de
vostre pere vous y obligent.

Les Roys Sire, ont estez instituez & establis à
ceste fin, car laisser la terre à la discretion des hommes, viure sans iustice cest à dire sans societé est
chose du tout impossible, d'où est venu que les
hommes mesmes se sont ordonné des loix, si nous
en croyős nos liures, & les sainctes lettres nous ap-
prennent que les Roys ont esté faicts de la
main de Dieu pour regir les peuples, Aussi leur office n'est autre que de faire iugement & iustice,
(dit sainct Hierosme) & deliurer de la main des
calomniateurs ceux qui sont opprimez par la force & puissance.

Ie suis (dit vn grand Prince) celuy d'entre les
mortels qui a esté aggreable & esleu pour repre-
senter les Dieux en terre, arbitre de la vie & de la
mort du peuple, & distributeur de la fortune d'vn
chacun.

Considerez & meditez ses parolles, Sire, & vous
verrez à quoy vous estes obligé. Le Prince (dit Se-
necque) doit prendre vn soing entier de la chose
publique, se charger des bonnes & maunaises fortunes du peuple, s'oublier soy-mesme pour l'amour
de ses subiects, estre importuné de diuers messa-
gers, respondres à tous, auoir l'œil sur tant de ville
& nations & prouinces, & trauailler iour & nuict
pour le salut de tous, Qu'est-ce a dire, sinon que la
charge du Prince, & son but ne doit estre autre
que le salut du peuple : c'est à dire faire iustice.

Oyez & prenez ce que disoit Tybere au Senat
de Rome, & vous iugerez auec quel conscience on
vous persuade de bafouer les Parlements, ie vous
ay dit plusieurs fois (disoit ce Prince) & ie vous dit

encore que tout bon & iuſte Prince doit ſeruir an
Senat à tous les cytoyens le plus ſouuent & touſiours à chacun d'eux en particulier, & ne me repreſente point de l'auoir dit ainſi, belles paroles
dignes d'vn grand Monarque, & qui ne peuuent
eſtre prononcee que par vn eſprit vrayement di-
uin, voila l'ētiere inſtruction d'vn Prince, qu'il ſerue
(dit il) c'eſt à dire qu'il eſcoute, qu'il defere au Senat, qu'il croye les bons & ſidels Conſeillers. qu'il
cherche & procure le bien du peuple, & qu'à chacun il face iuſtice & empeſche les oppreſſiōs, hors
de la il n'y a point de Prince.

Ce que Traian conſiderant lors qu'il donnoit au
preteur l'eſpee de iuſtice auec pouuoir de vie & de
mort, tenez (luy diſoit il) ſi ie commande quelque
choſe auec iuſtice pour le ſalut de tous employez
la pour moy, ſi autrement, vſez en contre moy.

Repreſentez vous que les Roys ne ſont que de-
poſitaires de Courōnes, & de faict Adrian l'Empereur auoit couſtume de dire qu'il ſe porteroit à la
direction de la choſe publique, comme ſi l'affaire
du peuple eſtoit la ſienne propre.

Ceſte vieille euſt bonne grace qui demandant
iuſtice à ce meſme Empereur apres pluſieurs remi-
ſes l'arreſta toutcourt, vn iour qu'il alloit à la chaſ-
ſe, & euſt la hardieſſe de luy dire, rendez iuſtice ou
ne ſoyez plus Roy. Mais quels inconueniens &
malheurs n'ont point ſuiuy les Princes qui ont deſ-
nié la iuſtice à leurs peuples? Philippes pere d'Ale-
xandre, & Demetrius Poliocertes en ont laiſſé de
beaux exemples à la poſterité, au cōtraire les Royaumes qui ont eſté regis par iuſtice, ont touſiours
eſté floriſſans & les Roys heureux qui l'ont main-
tenue.

Laiſſous les Philippes, les Ceſars, les Claudes,
les Traians, & tous ces vieux Romains, iettons les
yeux ſur la iuſtice de l'Empereur de Bizance, royōs
Totilla ce fleau de Dieu, de qui les actes de iuſtice
ſont ſi remarquables qu'ils feront rougir de honte
les Chreſtiens.

Mais nos Roys de France, Charles & S. Louys &

ses dessendans nous en fourniroient de plus frais
& de plus rares si nostre dessein estoit d'en faire vn
ramas, il nous suffit de vous dire que le Royaume
n'a esté soustenu de ceste presente main de Dieu,
soubs le regne mesme du feu Roy vostre Pere, que
par les actes de sa Iustice.

Vous Sire, particulierement estes obligez à ceste
mesme iustice, & quand il n'y auroit autre obligation que le serment de vostre sacre, c'est chose si
importante à vostre salut, & de tout vostre peuple
que vostre Majesté ne s'en pourra iamais desdire
nõ pas mesme le differer ou conniuer, sans vne ap-
prehension perpetuelle de la main du tout puissant.

A l'esgard des hommes desquels vous ne rele-
uez en aucune façon, encores y estes vous obligé si
les parolles des Roys sont veritables & plaines
d'effect, particulierement à l'endroict de Monseigneur le Prince. car sur les plainctes qu'il vous fist
par ses lettres du mois de Feurier 1614. des maluersations de *Sejanus* & ses adherans, voicy les mots
de la responce que la Royne vostre mere luy escriuit, en tout cas dit elle mon neueu, les fautes sont
personnelles, si aucuns d'eux ( parlant des dessuf-
dites) c'est tant oublié que de manquer au deuoir
de sa charge, i'entens plustost le condamner que
l'excuser.

Parolles dignes certes d'vne grande Princesse &
d'vne Royne de France, mais l'execution en seroit
bien plus glorieuse si elle en eust esté faicte ou si
elle l'estoit à present, car qui doute que ce tyran
n'ait abusé du deuoir de sa charge, n'ait ruiné ce
Royaume, & l'ait perdue de reputation par ses
concussions, volleries & trahisons, en pouuons
nous doubter apres la denonciation de Monseigneur le Prince qui a offert de la vous iustifier, &
que le Parlement de Paris demande permission d'y
pouruoir? voudriez vous en fin refuser la Iustice
que vous auez promise, iuree, & que vous leur de-
uez? quoy faudra-il que nous fassions venir en Frã-
ce vne vieille estrangere pour vous dire faictes iustice ou cessez de regner?

B iij

Encore la Royne vostre mere peu instruicte des-
dits desordres & de leur autheur, à raison de se
plaindre audit Seigneur Prince de ne l'en auoir aduerty, car elle luy en eust faict raison comme elle
luy promettoit, mais que faictes vous à present que
vous le sçauez & que vous les cognoissez? laisserez
vous sa parolle engagee, sans executer ou paracheu-
er vne œuure si saincte & si salutaire, mesme estar
majeur, estant Roy, & pouuant parler en Roy.

Voicy les mots de sa lettre, ie me veux plaindre
(dit la Royne) de vous estre desfié de vostre creance
& puissance enuers moy, & de mon affection enuers
vous, d'auoir laissé passer si long temps de ma Re-
gence, sans m'auoir aduertie de leurs deportemés,
si les auiez recognus preiudiciable au public, i'y
eusse pourueu par vostre bon aduis, & me promet-
tant de la reuerence qu'ils portent à mes volontez
& à vostre personne, que pour nous complaire se
descharger du fardeau qu'ils supportent, & contenter le public, ils auroient eux mesmes remis,
leurs charges à ma deposition, au premier signe
qu'ils en eussent receu de moy, comme ils m'ont
publiquement & particulierement declaré sur vostre dicte plaincte, & qu'ils sont encores prests de
faire à la premiere semonce qui leur en sera faicte
de ma part.

Ces personnes si sainctes & si obeyssante (Sire)
que la Royne excuse par sa lettre, ie dis ces saincts
tiranneaux auront-ils changé d'humeur à present?
il n'est pas possible ny croyable qu'ils veulent con-
tredire ce qu'ils vous ont offert, & puis qu'ils se
soubmettét à l'examen de sa Iustice, qu'ils declarét
en particulier & en public vouloir contenter la
France, & se demetre de leurs charges, pourquoy
ferez vous la guerre à Mr le Prince? pourquoy ex-
poserez vous vostre Royaume en proye, & le ferez
deuorer par le feu d'vne guerre intestine?

Guerre qui affoiblit vostre auctorité, incom-
mode vostre personne, ruine l'Estat, dissipe vos su-
jects, & fait dependre de la discretion & de la mer-
v de vos voisins, & de vos ennemis. & tout cela

pour maintenir ces pestes publiques.

Nous n'auons point encores oublié nos dernieres fureurs ciuilles, nos campagnes ne sont point encores desgraiffees des corps morts quelles ont couuerts, nos riuieres, nos fleuues, & nos fontaines rougiffent encores du sang des Fráçois, & voulez vous Sire, que pour six ou sept personnes qui ruinét vostre Majesté nous periffions tous? deftournez deftournez cefte malheureufe deftinée de la France, foyez Roy & Roy. des François.

Decernez Sire, decernez commiffions au Parlemét pour informer côtre fes tirans de voftre eftat, ordounez luy d'en faire iuftice, & nous voila apres tous contans, plus de guerre, plus de troubles, il n y a que les mefchás qui apprehendent la veue de la iuftice, & qui ayment la confufió, car outre l'affeurance qu ils ont d efchapper par ce moyen le iugemét des hómmes, encores ont ils ceft auantage de pefcher en eau trouble, la vie d'vn homme de bien doit eftre femblable au baftiment de Iulius Drufus, fi ces gens font fi iuftes, & s'ils ont bien vefcu qu apprehendent ils? vne ame nette ne doit rien craindre.

Scipion l'Africain, l'honneur de fon age, Scipió Lafiatique, Lutilius & Ciceron iettez eux mefme dans les hazards de la cenfure, Et pourquoy ces gens icy ne la foffriront ils pas?

Mais Sire, voicy ce qui les touche, voicy le ver qu'il leur ronge l ame voicy en vn mot le bourreau que fent *Sefaaus*, car qui peut ignorer le train de fa vie: qui les entreprifes qu'il a faicte en Suiffe en en fa premiere Ambaffade, ayát ofé bailler des paffeports aux ennemis de ceft eftat qui courroient lors fur la vie & fur la Couronne du Roy Henry troifiefme. Et apres du feu Roy voftre Pere? qui ne fçait la lafcheté qu'il fift à l endroict des Suiffes lors de fon depart, les deniers qu'il leur vola à la honte & à la perte de la reputation, & de l'honneur de la France, la trahifon qu'il commift à Rome, & ce qu'il a faict depuis fon retour, fes pratiques mefmes, & les penfioas qu'il tire tous les

ans des estrangers, la ligue que son fils à faicte( du
moins renouuellée ) en Espagne., & les presens
qu'il en a rapportez auec lesquels il a tellement en-
flé les voilles de son ambition, qu'il medite desia la
la souueraineté du monde.

Bourg a esté desmoly contre l'aduis des Princes
& principaux officiers de la couronne, la fidelité
du sieur de Boësse offécée, le sieur de Requié chas-
se de Mets & exposé à la rage de ses ennemis, l'a-
mitié & la bonne affection d'Angleterre fort alte-
rée, l'alliance du pays bas sinon du tout ruinée, du
moins bien esbralée, celle de Venise mesprisée. Le
Duc de Sauoye habandonné, les François qui l'ót
assisté pendus & estranglez, & taillez en pieces, Sedan mis en proye à l'Espagnol, ceux de la religion
mal traictez, par tout opprimez menassez & inti-
midez sans qu'on daigne respondre, les cahiers ny
leur faire iustice, Amiens, Peronne, Montdidier,
Roye & autres places frontieres baillees a Conchine, Marmoutier & Tours baillez à son beau
frere, qui ne sçait presque lire ny escrire, Les Gar-
nisons remplies d'estrangers, l'ennemy de la France placé dans vostre chambre. L'Ambassadeur d'Espagne en vostre Conseil, Doilé intendant, tout
cela & vne infinité d'autres commis que i'obmets,
& qui seront representez & iustifiez, ailleurs a esté
faict par l'aduis, & par l'auctorité de *Sejanus*, &
pour son profit, & qui pourra croire que ses dignes actions luy soient infructueuses, puisque ce
sont autant de crimes de leze Maiesté si les loix de
la France meritent d'estre creues?

Vos tresors ou pluftost ceux de la couronne
sont vollez, helas! Henry 4. mon grand Prince
qu'estoit il necessaire de fatiguer voftre vie
& suer si long temps pour rendre voftre Fráce ri-
che, opulante & redoutable à tout le monde: puisque à present l'on l'a fait esclaue de vos ennemis
pauure & du tout miserable, tant de millions que
vous auez mis dans la Bastille sont esuanouis, Sejanus & Conchine les possedent; et acheptent des
principautez souueraines, des Marquisats, des Có-

tez & des Baronnies , font baſtir des ſuperbes &
Royales maiſons , partie de la Picardie , partie de
la Normandie, tout le domaine de Ponthoiſe à vn
autre Seigneur qu'à vous, les acquiſitions s'en ſõt
ſoubs noms ſuppoſez & confidant, le greffier de la
grange baille touſiours ſes contre-lettres, mais la
poſſeſſion en demeure à *Sefanus* , les banques de
Lion & de Veniſe ne ſont fournies que des deniers
qu'il vous à volez, les accademies à Paris, ne s'en-
tretiennent que de billets & promeſſes du treſo-
rier de voſtre eſpargne ou de feu d'Argouge, que
Conchine ioué à trois dez les cent mil piſtolles, ne
couſtent que le maſſes à vn ſeul coup vn tapo tra-
ge vn paroli & riparolly, l'argent de la Baſtille eſt
conuerti en vſtancille de cuiſine, en broches, leche
frites, chenets d'argent, arrouſouets de iardins , &
employez pour la deſpence & pour la garde les aſ-
ſaſins du feu Roy voſtre pere. C'eſt le Conſeil de
*Sefanus*, c'eſt l'adüis de Dolé & de Bullion & ſes
Colporteurs.

Helas! quel compte penſez vous qu'on vous
rende de ſes deniers que depuis peu on a leuez à
l'accouſtumee, *Sefanus* vous employera de vieilles
debtes qu'il acquiert au quart de ceux à qui elles
ſont deües, & qui en pourſuiuent le payement au
Conſeil, le rembourcement de quelque vieille qui-
tance d'office dont la finance n'eſt entree dans vos
coffres, quelque manuais debt d'vn compte d'vn
partiſan, diſons plus vne infinité de deſpences ima
ginaires & ſuppoſées, de fauces quittances, de rol-
les faux, de contracts expediez à ſon profit, & de la
marquiſe contre vos reglemens, les dixhuict cens
mil liures pour vn coup ne lùy couſtent rien tout
luy eſt permis, pourueu qu'il tourne à ſon aduan-
tage.

Il eſtoit bien permis à Pericles d'employer dix
mil eſcus en la deſpence de ces comptes ſans acquit mandemeut ny en dire la cauſe, parce que ſa
prudence, ſa preud'hommie & ſa loyauté eſtoit cõ-
neue de la Republique, mais qui ne ſçait & co-
gnoiſt l'auarice & la deſloyauté

Aussi est-ce la raison pourquoy la Chambre des
Cōptes fort prudemment n'a voulu verifier l'acquit
qu'il en auoit scellé, & qu'elle a protesté de ne le cō-
sentir iamais estant tresveritable que les deniers de
la courōne (ceux-là particulierement) ne pouuoiēt
estre enleuez que pour chasser l'ennemy du milieu
du Royaume, s'il y estoit entré suiuant l'Arrest
qui en fut faict au Conseil, les Princes & Ducs,
presens; peu apres l'assasinat du feu Roy vostre
pere.

Mais dequoy sert-il de faire de beaux arrests en
vostre Cour, puisque *Sesanus* les mesprise, ny a aucun esgard, & passe par dessus tout, cest arrest est
aboly par vn autre du tout contraire, la force & la
violence peuuent & osent tout, les loix ny les hō-
mes mesmes ny sçauroient faire resistance, la Bastille est forcee, l'argent enleué par commandement
de *Sesanus*, & pour auctoriser cet acte inouy commis dans la ville de Paris à la face du Parlement,
on y faict trouuer vostre Maiesté, la Royne vostre
mere, & quelques intendans & Financiers, Dolé & Bullion par tout.

On romp les portes, les tonneaux, & les bariques
du tresor sont enleuees & conduites chez le Marquis d'Ancre, dissipees & maugees auant d'estre di-
stribuees, Sire, il n'est pas licite au souuerain d'abu-
ser des tresors de l'Estat, d'autant que le Royaume
(comme dit Cassiodore) n'est autre chose qu'vne
republique sous la garde du souuerain, où de faict
Périclés fut grieuement repris de ce qu'il auoit dit
aux Ambassadeurs des alliez qu'ils n'auoient point
d'interest, à quoy les finances feussent employees.

Si du moins on les auoit faict passer par l'Espargne ce seroit quelque chose, mais le sieur d'Arbaud
ne les prend que soubs son recepicé, & les renuoye
à mesure que *Sesanus* ou le Marquis luy en escri-
uent, & que son recepicé est deschargé sans en vouloir compter.

Il y a fort long temps Sire, que *Sesanus* medit bit
l'execution de ceste souueraine entreprise, ce n'est
pas sans cause qu'il a chassé le Duc de Suilly des

finances, & de l'arſenat, qu'il luy a oſté la Baſtille
& la force de voſtre canon pour faire tomber és
mains du Cheualier de Sillery ſõfrere, Suilly que le
feu Roy voſtre pere a tant aymé & cherit pour ſon
merite, fidelité & capacité, Suilly à qui voſtre Majeſté a l'obligation des treſors qui eſtoiét en reſerue
du rachapt de tant de millions de domaine & rentes
que vous deuiez, & de tant de millions dont voſtre
Couronne eſtoit engagee enuers les eſtrangers.

Ce n'eſt pas ſãs cauſe encore vn coup Sire, *ſeſanus*
entreprend ſur voſtre auctorité, & ſi les bons &
vieux ſeruiteurs du feu Roy voſtre pere qui ont le
mieux faiƈt, & qui iuſques à preſent ont maintenu
voſtre Couronne, ſont chaſſez, les vns menaſſez de
baſtonnades, les autres mal traiƈtez & bannis de la
Cour & des affaires, les fauſſes accuſations & les
calomnies ne ſont point encores eſteinƈtes, il ſe
trouuera encores ie m'aſſeure quelque nouuelle
mendiolle pour attaquer Mr. le Grand Eſcuyer, &
Moiſſet, & faire bailler leur cõfiſcation à Cõchine,
quelque Iuif ou Maranne qui pourra entreprendre
d'empoiſonner nos Princes, on enuoye deſia le bil-
let aux Officiers ſouuerains pour n'aller plus au
Pallais ſur peine de la vie, on les retient priſonniers
dans leurs Hoſtels ſans oſer ſortir, on les menace
de coups de dagues, le temps de Buſſi le clerc reuiét,
on veut loger le Parlement dans la Baſtille, on a
commécé a enleuer l'vn des Preſidens pour l'aſſaſ-
ſiner, ou l'empoiſonner, ou le confiner à Amboiſe,
cõme auſſi a-on exilé de vos meilleures villes, pluſieurs autres bons bourgeois & Citoyens plus affe-
ƈtiõnez a voſtre ſeruice que ne fut iamais ce coyõ,
bon Dieu quel ſiecle eſt celuy-cy ou les bons ſouf-
frent, & les meſchans ſont portez.

Voſtre Parlement en ſes remonſtrances nous a
faiƈt veoir à l'œil & toucher au doigt la diſſipatiõ dç
vos deniers, les volleries qui ont eſté commiſes, &
s'eſt offert de vous le iuſtifier, que faut-il d'auãtage
pour conuaincre *ſeſanus*.

C'eſt ce grand corps de iuſtice qui le vous dit
ceſt l'oracle de verité qui le vous repreſente, &

pour cela on le menace, on luy defend d'aller rendre iustice, on arrache ses officiers de leurs logis
pour les mettre au lict de la mort.

Mais Sire que dira *Sesanus* sur la necessité de vostre espargne, comment est ce qu'il couurira les
emprunts qu'il faict faire comment les interrests
que vous payez, tandis qu'il iouit du principal de
vostre reuenu, on vous menasse Sire, d'vn recülle-
ment des rentes, on nous asseure du retranchemét
dés gaiges des officiers, on propose diuerses in-
uentions nouuelles qui sont desia receues en vostre Conseil vingt Edirs de nouuelle creation d'office ont esté seellez pres d'estre enuoyez en vostre
Parlement. Celuy des Procureurs est destiné par la
Marquise, les arres & pot de vin en sont desia baillez à *Sesanus*, le Commandeur de Sillery & Barbin
en miuuttes les arrests, les thresoriers des pentions
ne suffisent point pour auoir les Comtez de Mont-
beliart à l'vn, & la grange leRoy à l'autre, ils se veulent estendre dans la France plus auant, il faut cent
mil escus à *Sesanus* pour auoir trefue , & quis'en
pourra estonner.

La loy *Claudia* deffendoit aux seruiteurs Romains d'auoir aucun vaisseau de mer qui portast
plus de quarante tonneaux, *Quastus* (dit Tite liue)
*Patribus in decarus visus est*, mais cela n'a point de
lieu en Fráce, puis que le vice s'est changé enuertu,
& que estre homme de bien est deffendu sous le
regne de *Sesanus*.

Et cepédant en la necessité ou vous estes, *Sesanus*
ne voit point que nous sçauós que vos Fermes sont
augmentees de plus du tiers, la despence de vostre
Majesté diminuee de beaucoup, si ce nest les pensions quil a renforcees en faueur de ceux qui tra-
hissent leur ordre & leur maistre, qui se sont depar-
tis de la recherche de             & de ses actiós
qui le maintiennent & le portent en ses sousplesses,
à ces nouueaux Conseillers ie dis à ses confidens,
ausquels il a faict augmenter de plus de huict mille
escus par an chacun, & quil faict gratifier iusques à
cent sept mille liures de recompense en vne annee,

au moins si vos pensions & dons estoiét distribuez comme faisoiét les Roys de Perse, & de Macedoine, ou comme faisoit celuy d'Egypte vers Aratus, qui auoit l'Estat des                 à sa deuotion, cela seroit supportable : mais il les distribue à ses confidans & amis, & non a vos seruiteurs.

La passion Sire, ne me faict point parler, ie n'ay aucun interest en ses affaires, mais la verité guide mes parolles, iamais *Catelina, Marius ny Silla*, dont l'histoire Romaine faict mention, ne furent si pernicieux à l'Empire que *Sesanus* l'est à la France, le Triómirat ne fit iamais tát de mal que *Sesanus* faict.

Thibere fust merueilleusement blasmé de ce qu'il ne fist aucune iustice des plainctes qu'on faisoit contre les vices, Consuls & Cómissaires qu'il auoit estably és Prouinces, au preiudice des ordohnances de Rome, & gauguste son predecesseur, & dit l'histoire que ce fur vn des premiers traicts qu'il fit d'vn meschant Prince.

On vous pippe, on vous ruyne, on vous trahit, & vous ne voyez pas que *Sesanus* vit dans la confusió, comme le poisson dans l'eau trouble, que l'orage & la tempeste de l'esté est son port asseuré, que la cócorde & la paix est sa ruyne, les guerres ciuilles ne sont iamais vtilles qu'aux meschas, qui ne craignét pas moins la paix que la peste, ayant en tout euenement deuant les yeux la resolution de Cabelina, lequel disoit qu'il n'auoit peu esteindre par eau le feu pris en sa maison, mais l'esteindroit en la ruynant ; & de faict, il fust à vn poinct pres de perdre l'Estat, si le Conseil de Ciceron n'y eust remedié.

La presence des Princes c'est vn Soleil bien clair, ou bien fort contre les brouïllards de *Sesanus*, il a beau espoissir ses nuees impures d'orgueil, d'auarice, d'iniustice, d'ambition, de tyrannie, les rayons de ses Soleils dissipent tout, les fondent en eau liquide leur font rendre gorge, c'est ce que *Sesanus* craint, c'est la meditation qui l'occuppe, c'est en vn mot ou tous les ressorts de son esprit sont bandez, & vous n'en ferez point iustice à la France qui la vous demande auec larmes de sang ?

Parthenuis fut lapidé pour auoir conseillé le Roy Theodebert de charger ses subiets de nouueaux subsides.

George Prescheron fut executé à mort pour mesme subiect, & fit perdre Henry de Suede, duquel il estoit Gouuerneur.

Sesanus faict pis que cela, & toutesfois il vit encore, n'en ferez vous point iustice, Sire, pour le moins souffrez que nous la fassions faire, si Commene a peu faire chastier Theodore só fauori, pour auoir destourné vn bœuf seulemét qui appartenoit à vn sien pauure subiect, que ferez vous à Sesanus qui vous volle, & vostre peuple aussi.

Vostre conseil n'est plus qu'vne cohue, pis cent fois que le Chastellet de Paris, toutes choses telles quelles soit, y sont euocquees pour de l'argét, l'expedition ne si faict qu'à force de pistolles, car pour la iustice on ne la cognoist poinct, cent escus font bailler auiourd'huy vn Arrest, & cent pistolles le font reuoquer le lendemain, il se trouuera tel qu'apres y auoir eu dixneuf Arrests portant renuoy à vne Cour souueraine, sa partie a faict tout reuocquer par apres sur vne simple requeste, & moyennant cinq cens escus a faict retenir le procez audit Conseil, l'y a faict iuger, & a eu arrest, auec despés contre sa partie.

Il s'en est veu mesme quelques vns, contre lesquels a esté necessaire que le grand Conseil (indigné d'vne chicanerie si estrange) ait procedé par deffences sur peine de la vie de se pouruoir plus en vostre Conseil, &a esté veriffié que pour vne affaire de dix escus, vn procez a esté traicté six ans entiers.

Cela ne suffit poinct, on y falcifie les Arrests, on les antidate, on les tronque, on les broüille, on les change, bref, ils sont faicts à la fantaisie de ceux qui donnent le plus à Sesanus.

Tous crimes, toutes recherches, toutes maluersatiós sont abbolies par arrest moyennát de l'argét.

Et outre que pendant l'assemblee des Estats tenus en ceste Ville, autres offres estans faictes beau-

coup plus aduantageufes pour le public, par lef-
quelles eftoit offert payer aux bourgeois lefquatre
quartiers des rentes conftituees, au lieu qu'il ne
leur en a efté payé que trois, cela auroit encore efté
reicité par *Sefanus* fous ombre des piftolles tou-
chee, & l'acte defdits offres auec les fommations &
proteftations en fera reprefentee autant que la
pierre en deura eftre remuee.

Demonceaux voftre Procureur General en la
Cour des Aydes, a fait la preuue que toutes maluer-
fations font abolies pour de l'argent, puis que pour
fe garentir du nauftrage ou fes concuffions l'auoiét
ietté, il a mis és mains de *Sefanus* la procuration *ad*
*refinandum* de fon office, pour en difpofer à fon
profict, bref, les Arrefts fi vendent à piftolles, Tho-
maffin, Chalopin, Henyn, Mauroy, l'Huilier, Berru-
yer & le Cler en font les colporteurs, il faict des
parties cafuelles de la reception des Aduocats, au
Confeil ce n'eft plus que brigandages, les promef-
fes de don, faictes au Commandeur par Rouffelet,
dont le Parlemét de Paris eft faifi, en font tefmoins,
le mefme eft de celle de Guibert & Blanchard, dôt
l'hiftoire eft pitoyable, & a qui on faict porter la
peine du crime d'autruy : mais auffi pour recompé-
fe leur reftabliffement eft affeuré, la confifcation
remife, & gratification promife au retour du voya-
ge de Guyenne.

Voyez l'induftrie de *Sefanus* pour s'excufer &
fe conurir, y fift chaftier d'vne main, mais pour
garder qu'on ne le defcouure il recompenfe de
l'autre, & cela faict il, depuis la plainte & les remô-
ftrances du Parlement, afin que ceux qui ont traicté
auec luy pour femblables affaires, fe contiennent
en filence & en refpect.

Venons aux feaux, & à ce que voftre Parlement
vous en a dit : adiouftons que tout fi faict pour de
l'argent par l'entreprife de deux orgueilleux co-
quins, Renoüart & Luffon, le crime de mefme de
leze Majefté y font remis, les euocations, les re-
miffions les abolitions, les rappels de galleres, les
refpits, les leuees de deniers, les Edicts de creatiós

d'offices , tout y paffe , *Sefanus* caffe & reftablit qui
bon luy femble, faict reuiure les offices fupprimez,
eftablit des officiers aux chãcelleries ; leur attribue
des droicts à la foulle du peuple , augmente la taxe
des lettres, crée des nobles en France, en preud les
deniers & finances.

Il faict par tout du fouuerain, iufques mefme a
prendre 20. fols fur chaque lettre de maiftrife, fous
pretexte du controolle dudit Renouart.

Mais qu'eft-ce que *Sefanus* ne faict point aux finances, à ce petit Confeil qu'il nomme direction
priuee , il ny a affaire qui fi traicté dont il ne faict
argent, tous les partis & vos fermes luy font tribu-
taires, il ny a partifan ny fermier qui ne luy doiue
hommage : ie dis vne rente annuelle, & fon droict
d'entre ceux mefme qui pourfuiuent quelque rem-
bourffement au payement des debtes , font con-
trainats d'en traicter & compofer , toufiours rabais
& defdõmagement en voye, toufiours folles, en-
cherit chez luy, toufiours partifans à fes trouffes,
pour auoir des diminutions de charges, ou bien des
augmentations de nouueaux droicts & de plus lon-
gues annees iamais rien a voftre proffict.

Cefar en fon premier confulat fit rabaiffer les en-
cheres des fermiers apres auoir eu les mains graif-
fees, Metellus tribun du peuple ofta le peage d'I-
talie, moyeũnant de l'argent qu'on luy donna, Pericles fit diftribution en Athenes de quelques deniers qui reuenoient de bon des finances en faueur
de fes fauoris, Sire, voila le train de *Sefanus.*

Et qui ne fçait ce qu'il a faict depuis fort peu de
iours fur le party de feu Charles Paulet, à la pour-
fuitte de la Marefchalle d'Ancre, & de Dollé qui y
prend part, & fi eft affocié fous le nom d'vn de fes
confidens, ce qu'il minutte fur la ferme de Lyon en
faueur de Bullion, & le bon eft que fes beaux Confeillers partifans deffendeurs font toufiours commis & deputez pour les executer, tellement qu'il ne
faut plus s'eftonner de la bonne Iuftice.

O ui ne fçait encore vn coup ce qu'il a faict fur les
cõfirmatiõs des offices ayãt pour en profiter, faict
falfifier

falcifier le roolle des taxes, furcharge les officiers
des Prouinces de plus qu'il n'auoit efté arrefté, &
dont l'on a compté, les ayant de plus obligé a vne
prouifion de fix efcus chacun, & a des frais qui ne
furent iamais veus ny deuz, combien de concuffions, combien d'oppreffions a-il fauorifees & au-
ctorifees par lettres du grand feau, & arrefte du
Confeil pour cet effect,& qui ne fçait l'hiftoire des
quatre baux, & la iuftice que le Parlement de Bre-
tagne a efté contrainct den faire.

Digne & celebre Senat qui a tefmoigné à la pofterité que le feul feruice du Roy & le zele de la iuftice eft fon but & fon Phare, fans apprehender ny
craindre les fulminations de Sejanus, fes menees ny
mefme fes recompenfes, digne encore vn coup que
la pofterité en fçache l'hiftoire fur vne table d'e-
ternité, l'integrité de ce Senat & de fes depputez
foit grauee en lettre d'or.

Quatreuaux donc vollant & rauageant la Bre-
taigne fur le fubiect des confirmatious,les plaintes
en furent fi grandes, que voftre Procureur general
en ayant faict informer le Parlement, auroit con-
damné ce concuffionnaire en l'amende honnora-
ble la corde au col,eftre fuftigé & banny,cet arreft
eft executé, Sejanus qui en a la nouuelle,& que par
fe moyen fe voit fruftré du profit qu'il en efperoit,
depefche incontinent vn adiournement perfonnel
contre ce Parlement, le fieur de Luthumieres Prefident,affifté de quatre Confeillers dudit Parlemét,
vindrent fe prefenter,demádét d'eftre ouys, Sefanus
qui fçait que les memoires de fes Depputez font
replis de fes faicts & geftes, & que la charge qu'ils
ont de la Cour, eft de le denoncer leur trame,cefte
audiéce a long iours,& en fin la leur refufe,& pour
faire trouuer doux ce reftus, leur donne vn Arreft
pour continuer leurs charges, & les ayant mandé
chez luy, leur fift vne grande & belle harangue
remplie d'artifice & d'hypocrifie,la fin de laquelle
eft qu'il offrit à ce Prefident deux mil liures de pé-
fion par an fur l'Efpagne, & douze cens liures à
chaun des Confeillers qui l'affiftoient,leur demã-

de si pour leur particulier ils ont quelques affaires
près du Roy, ou quelque procez au Conseil, & leur
promet toute sorte d'assistance, voyez, cherchez,
demandez leur dit-il, ie vous feray bailler tout ce
que desirez, Monsieur, respondent ces depputez,
nous sommes venus icy pour rēdre compte de nos
actions, & y seruir le Roy, non pour auoir recom-
pēce ny gratifications, ny pour nos offices parti-
culieres, vous remercions de vostre bonne volēté,
n'estimant point que quant à present le Roy soit
en aage de faire du bien à des personnes qu'il ne
cognoist point ny leur seruice, mais quand il sera
plus grand, & que Dieu nous aura faict la grace que
sa Majesté pourra recognoistre mon seruice, nous
ne refuserons point le bien quelle aura agreable
de nous faire.

Grande & graue responce digne certes d'vn
President de Court souueraine, Seanus pensoit cor-
rompre ses Senateurs, & il les trouue incorrupti-
bles, il leur offroit de l'argent, ils le mésprisent, &
se mocquent de luy en vn mot, ce ne sont point des
petits, Bullion & Dollé, ce ne sont point de chetifs
Conseillers d'Estat & intendans des fiuances, ny
des malautrus Messieurs des Requestes ou pensiō-
naires à mil francs, non non Sejanus, ce sont des
bons François, & vous iugez ce sont de bons &
fidelles seruiteurs de Roy, qui ont porté leurs vies
& leurs fortunes, & de leurs amis, aussi au secours
du feu Roy deuant Amiens, lors que la Frāce estoit
en sa crise, ce sont gens en effect plus dignes de
vostre charge que vous.

Qu'on entre donc plus en admiration des maisons qu'il bastit & qu'il achepte tous les iours, &
s'il possede & les siens toutes les principales & plus
importantes charges, tout passe par ses mains, tout
est faict pour luy, & afin que vostre Majesté sçache
que ce ne sont point calomnies, mais veritez essen-
tielles & subsistantes quant elle aura eu aggreable
de pouruoir sur les plaintes du Parlement, de per-
mettre d'en estre informé, on les verifiera sur peine de la vie.

O que celuy est digne de louange immortelle, qui premier a mis au iour la verité cachee dãs le puis de Democrite, c'est à dire ceste confusion, qui vray Prophete nous a denoncé les mal heurs que nous voyõs à present en l'Estat, qui en vray & fidel François en a baillé les aduis & les remedes à l'assemblee des Estats, mais nous auons mieux aymé le perdre & nous perdre, que desplaire á Sejanus & seruir nostre Roy, ce n'est plus le siecle de recõpense ny deshonneur, nous mesprisons ce qu'il faudroit cherir par deuoir, & ce que nos peres auroient honoré & recherché dans les coings les plus esloignez de la terre, & à l'imitation du pourceau des Picurs, nous aymons mieux croupir dãs la bouë de la confusion & du desordre qu'auoit la gloire de bien seruir & de bien faire, *Sejanus* le voit bien, Sire, il le sçait bien, c'est pourquoz il y continue, feu monseigneur le Comte de Soissons l'auoit menassé assez souuent de luy faire faire son procez, & en presence de la Royne vostre mere, luy auoit reproché sa vollerie & sa tyrannie, & si pour le mal heur de la France, ce grand Prince est mort, ces memoirs ne sont point perdus pour cela, ny les tesmoins desbauchez de vostre seruice, dites & vous serez obey.

Memorables encores & digne que la posterité soit aduertie de ce qui se passa entre la Royne & ce grand Prince de France, sur le subiect de *Sejanus*. En Aoust 1612. ce Prince prenant congé de sa Majesté pour aller à Roüen, fut prié par elle d'embrasser *Sejanus* & le tenir pour son seruiteur, Madame repart ce Prince, le bien de vostre seruice ny celuy du Roy, ne demande pas cela, car si *Sejanus* estoit mon amy, qui vous diroit que le Duc de Soissons est vn brouillon, vn ambitieux qui veut tout faire, & auoir tout, & si c'estois le sié que vous diroit aussi que *Sejanus* est vn meschant & vn volleur, vn concussionnaire & vn traistre, personne ne l'oseroit dire. Et le Comte vous dit que pour le bien de vostre seruice il falloit prendre *Sejanus*, digne Prince ui la gloire & le nom ne mourront iamais en l'ame des bons & fidels François.

On vous menace de la retraicte de *Sejanus* à Rome auec vn chappeau rouge, il faut qu'il se purge, & qu'il vous rende & au peuple, ce qu'il a vollé, auparauant que d'estre admis à ce sainct & sacré Collège, si ce n'est que pour auoir maintenu Rome contre son Roy, il merite vne abolition entiere sás recherche, a cause de son nouuel serment.

C'est pourquoy il esloigne Monsieur le Prince, & les autres Princes, Ducs & Pairs qui sont auec luy, les veut faire assassiner, les veut declarer criminels, les veut rendre odieux à vostre Majesté & au peuple, deffend aux villes de leur donner entree ny passage, escript au Parlement des calomnies au lieu de la verité de leurs actions, & leur feroit s'il pouuoit de mesme qu'il a faict audit sieur Comte de Soissons, c'est à dire se defferoit d'eux, & ne trouuerons nous point en France quelque *Florus ou sacrovis*, pour resister aux oppressions que les François souffrent.

Les assassinats que *Conchine* commande sont auctorisez de *Sejanus*, poinct de iustice à Riberpré, poinct à la veufue de Prouuille, poinct à Mr le Duc de Longueuille, ensemble point à Monseigneur le Prince.

Les Princes sont plus mal traictez en France que n'a esté Rome *Germanicus* soubs *Thibere*, les Cóseils de *Sejanus*, de *Dollé* & *Bullion*, sont suiuis quád ils tendent à l'extirpation de la maison de France, à la ruyne de la iustice & de tout l'Estat ou à l'aduenement de *Conchine*.

Les sorciers, les magiciens, les Iuifs, & les Anabaptistes sont establis dans vostre Louure, ils y exercent ouuertement leurs actes diaboliques, & ne s'en cachent point deuant les Princesses de vostre Sang & grandes dames de France, on en fit venir de Florence qui sont auoüez par la Mareschalle, on ne croit, on ne cognoist tautost plus Dieu en vostre Cour, dans vostre chambre, *Conchine* prend à la gorge les Prestres qui detestent ces abominations, & en presence de la Royne le veut estrágler, en vn mot, Sire, vostre Couronne est departie

entre *Sejanus* & Conchine, les Princes de vostre
Sang, les Archeuesques de vostre Royaume seront
tantost tous menusiers ou
les lauandieres de Florence seront bien tost Prin-
cesses, vostre Majesté, Sire, la Royne vostre mere,
Monseigneur vostre frere, Mesdames vos sœurs, &
Messeigneurs les Princes ne sont plus comptez en
France.

Les grands leur obeyssent & les adorent, les fils
des Roys tant ils sont lasches en recherchent l'alliance, & sen rendent les estaffiers, vne trouppe de
coyons de mil francs les suiuent à nos despens, &
du peuple, ils gourmendent le peuple, possedent
toutes les bonnes villes, les tresors, les benefices,
toutes les charges de vostre Royaume & de vostre
maison, foullent aux pieds la iustice, inthimident &
menassent la Royne iusques à luy faire ietter des
larmes, rauissent à Madame vostre sœur les bagues
que la Royne Marguerite luy auoit laissee par te-
stament, vous le souffrez sans oser mot dire, *Sejanus*
l'auctorise, & qu'estes vous apres cela ? quelle part
auez vous en ce Royaume, on a contenté d'vser &
dabbuser de vostre nom, pour couurir tant de crimes enormes, & les mariages d'Espagne, sont faicts
plus pour leur seureté que pour le bien de vostre
seruice.

La force de l'Estat nest plus en vostre disposition
vos finances & vos canôs sont és mains de *Sejanus*,
la cauallerie & l'infanterie Françoise soubs l'or-
donnance & controolle de son fils, vos places fortes ou ruynees ou consignees entre les mains des
estrangers ou des assassins du feu Roy, les Princes
esloignez, mal traictez, & courus, la iustice mespri-
see & foullee, la Noblesse offencé, le peuple
& irrité, les villes mescontentes &
mutinees, le clergé ennemy ouuert de l'auctorité
des Roys, & peu soucieux de la conceruation de
leurs sacrees personnes, les charges militaires, cel-
les de iudicatures & des finances vendues & rauies
à l'honneur, à la vertu, au seruice, au merite, & à la
capacité, nos voisins amis & alliez fort mal affe-

ctionnez, uoftre enuemy eft dedans voftre Royaume , voyez Sire , l'Eftat ou vous eftes, le peu de
moyen que vous auez de refifter, & le precipice dâs
lequel *Sejanus* vous porte, car il eft caufe de noftre
mal, helas que nous auons bien a apprehender le
temps d'Achæus Roy des Lidiens, celuy de Denis le
ieune , voire celuy de Theodoric Roy de France,
mais bon Dieu deftourne ce malhour.

Vn grand prince de l'antiquité demandoit à vn
philofophe de fon fiecle, les moyens de remettre
vn Eftat qui eftoit fur le penchant de fa ruyne, ap-
prit que c'eftoit en faifant iuftice recompenfant la
vertu & chaftiant le vice.

Tonte la France, Sire, vous reprefente les maux
que *Sejanus* a faict en voftre Eftat, vous en demâde
iuftice, & vous auez reu que l'Empire de Rome n'a
peu euiter fa cheute que par la mort de *Sejanus* Romain, que V. M donc face iuftice , & ne fouffre
point l'embrafement des plus beaux Royaumes du
monde, pour maintenir contre les loix de l'Eftat, la
tyrannie que *Sejanus* & les autres mauuais François exercent fur le peuple.

Et afin Sire, & pour vous faire entendre qu'il ne
peut entrer en la creance de tous vos fubiects que
vouliez mettre en oubly la mort du feu Roy
voftre pere, mais au contraire que vous voulez fen-
fiblemeet rechercher & exteiminer ceux qui en feront trouuez coulpables ; comme fçeut fort bien
faire le Roy Louys ; celuy qui auoit faict mourir
Charles le fimple fon pere , le difcours de cefte
mort & de la punition de l'affaffinateur eft icy ve-
ritablement reprefentee, pour faire voir à V. M. le
reffentiment quen euft ledit Roy Louys, & l'aftus
dont il vfa pour l'atouper, vous fçaurez donc, Sire,
s'il vous plaift quapres auoir ledit Roy Louys lon-
guement diffimulé & teu cefte mort a deffein, il fift
conuoquer à vne folénelle fefte de Laon, plufieurs
princes & grands Seigneurs, du nombre defquels
eftoit le meurtrier appellé Comte Hebert, & quâd
ils furent tous affemblez, vint deuant fa Majefté

vn courier qui sagenoüilla & prosterna à ses pieds
seignant venir dAngleterre, le salua & luy presenta
vne lettre quil disoit estre de Emond Roy dAngleterre, surquoy le Roy qui cognoissoit ce courier
appelle Galopin le receut assez familierement, &
prit la lettre laquelle leue tout bas par son Chan-
cellier, & recogneu que pour sestre pris à sousrire
oyant ladite lecture, lesdits Princes & Seigneurs
tesmoignerent desirer en sçauoir le subiect, il leur
dit, cest mon cousin le Roy dAngleterre qui me
mande quil est arriué en son Royaume, quvn certain rustre a semond son Seigneur, de qui il estoit
subiect a aller disner à sa maison, & quand il y a esté
la pris & detenu: & puis apres la estranglé & faict
mourir, & me prie mondit cousin luy faire sçauoir
sur ce vos opinions, & luy conseiller dece qui en
doit estre faict, à quoy fust respondu par Thibaut
Comte de Blois, qui estoit le plus ancien, & reputé
fort homme de bien, que ledit Rustre deuoir estre
pendu & estranglé ignominieusement, & ses biens
acquis & confisquez au Seigneur, opinion qui fut
suiuie de tous les Princes & Seigneurs la assistans,
& notamment par ledit Comte Hebert qui ne se
doutoit de rien, ledit Roy Louys le regardant, luy
dict ie te iuge & condamne par ta bouche mesme, à
pareil & semblable supplice. Car tu sçais Hebert
que tu inuitas feu monseigneur mon pere que Dieu
absolue par beaux semblans damitié & faisant mine
de le vouloir festoyer en ta maison, & quand il y fut
tu le retins & fis mourir traistreusemét, & par ce ie
te condamne à estre pendu & estranglé, & tes biés
acquis & confisquez. & ainsi fut ledit Hebert pris
& mené à linstant sur vn haut mont proche dudit
Laon, lequel à cause de luy, & pour marque de ce
est encores auiourdhuy appellé le mont Hebert.

*Audiat hæc Iupiter qui crimina fulminè frangit.*

FIN.